Jugando con fuego

introducción

La adicción al juego es un problema cada vez más frecuente en nuestra sociedad y puede afectar a personas de todas las edades, géneros y estatus socioeconómicos. Los jóvenes son especialmente vulnerables a este tipo de adicción, ya que se encuentran en una etapa de la vida en la que están experimentando cambios emocionales y sociales y pueden verse tentados por el juego como una forma de evadir problemas o buscar emociones intensas.

El juego patológico es una forma de adicción que puede tener consecuencias graves en la vida de los jóvenes, tanto a nivel personal como familiar, social y económico. Es importante que los padres y cuidadores estén informados sobre cómo detectar los signos de alerta y actuar tempranamente ante posibles problemas de juego en sus hijos.

En este libro, encontrarás una guía para ayudar a los padres y cuidadores a detectar y prevenir los problemas de juego en los jóvenes, así como consejos prácticos y herramientas para intervenir tempranamente en caso de que se detecte un problema. Además, se explorarán los diferentes tratamientos disponibles y se brindará información sobre cómo buscar ayuda profesional y apoyo en grupos de autoayuda.

Este libro es un recurso valioso para cualquier padre o cuidador preocupado por la salud y el bienestar de sus hijos, y para todos aquellos interesados en prevenir y tratar los problemas de juego en jóvenes. Juntos podemos trabajar para crear un futuro más saludable y libre de adicciones para nuestras generaciones más jóvenes.

Qué es el juego patológico

El juego patológico, también conocido como ludopatía, es una enfermedad mental caracterizada por la necesidad compulsiva de jugar y apostar, a pesar de las consecuencias negativas que esta actividad puede tener en la vida del individuo. Las personas que sufren de juego patológico pueden experimentar una falta de control sobre su comportamiento de juego, lo que los lleva a jugar cada vez más, gastar más dinero del que pueden permitirse y a veces incluso llegar a endeudarse.

El juego patológico puede tener graves consecuencias en la vida del individuo, incluyendo problemas financieros, familiares, laborales y de salud mental. Las personas que sufren de juego patológico a menudo experimentan sentimientos de culpa, vergüenza, depresión y ansiedad, lo que puede llevar a una disminución de su calidad de vida y, en casos extremos, a pensamientos suicidas.

El juego patológico es reconocido como una enfermedad mental por la Asociación Americana de Psiquiatría y se incluye en el Manual Diagnóstico y Estadístico de los Trastornos Mentales (DSM-V). El DSM-V establece que para que un individuo sea diagnosticado con juego patológico, debe cumplir con ciertos criterios, incluyendo la necesidad compulsiva de jugar y apostar, la imposibilidad de detener o controlar la actividad de juego, y la presencia de consecuencias negativas en la vida del individuo debido al juego.

Es importante destacar que el juego patológico no discrimina a nadie y puede afectar a personas de todas las edades, géneros y estatus socioeconómicos. Por esta razón, es importante estar alerta a los signos de alerta y buscar ayuda profesional en caso de sospechar que un individuo cercano pueda estar experimentando problemas de juego.

Signos de alerta

Reconocer los signos de alerta es fundamental para detectar si un joven está experimentando problemas de juego y poder intervenir tempranamente. Algunos de los signos de alerta más comunes a los que se debe prestar atención incluyen:

Cambios en el comportamiento: Un joven que experimenta problemas de juego puede mostrar cambios en su comportamiento, como la pérdida de interés en actividades que antes disfrutaba, la evitación de amigos y familiares, el aislamiento social y la irritabilidad.

Problemas financieros: El juego patológico puede llevar a un joven a gastar más dinero del que tiene o del que puede permitirse, lo que puede resultar en problemas financieros. Si se observa que un joven comienza a pedir dinero prestado con frecuencia, vende objetos de valor o muestra signos de angustia financiera, es importante investigar la posible causa de este comportamiento.

Cambios en el estado de ánimo: Los jóvenes que experimentan problemas de juego pueden presentar cambios en su estado de ánimo, como irritabilidad, ansiedad, depresión o euforia.

Mentiras y engaños: Un joven que experimenta problemas de juego puede comenzar a mentir o engañar a sus seres queridos acerca de sus actividades de juego, gastos y deudas.

Descuido de responsabilidades: El juego patológico puede llevar a un joven a descuidar sus responsabilidades académicas, laborales o familiares, lo que puede resultar en una disminución en su desempeño y rendimiento en estas áreas.

Es importante destacar que estos signos pueden manifestarse de diferentes maneras y que no todos los jóvenes que experimentan problemas de juego mostrarán todos los signos. Por esta razón, es importante estar atento a cualquier cambio significativo en el comportamiento o estado emocional de un joven y buscar ayuda profesional si se sospecha que puede estar experimentando problemas de juego.

Factores de riesgo

Existen varios factores de riesgo que pueden aumentar la probabilidad de que un joven desarrolle problemas de juego. Es importante tener en cuenta estos factores para poder prevenir o intervenir tempranamente en caso de que un joven presente alguno de ellos. Algunos de los factores de riesgo más comunes incluyen:

Historia familiar de problemas de juego: Si un joven tiene familiares cercanos que hayan experimentado problemas de juego, su riesgo de desarrollar este trastorno aumenta.

Trastornos mentales: Los jóvenes que tienen antecedentes de trastornos mentales, como depresión, ansiedad o trastornos de conducta, pueden ser más propensos a experimentar problemas de juego.

Baja autoestima: Los jóvenes que tienen una baja autoestima o problemas de autocontrol pueden ser más propensos a experimentar problemas de juego, ya que pueden buscar en el juego una forma de escapar o mejorar su autoestima.

Ambiente social: Los jóvenes que tienen amigos o familiares cercanos que juegan con frecuencia, o que viven en áreas donde el juego es una actividad común, pueden estar más expuestos a desarrollar problemas de juego.

Acceso fácil a los juegos de azar: Si los jóvenes tienen acceso fácil a los juegos de azar, como las máquinas tragamonedas o los casinos en línea, pueden ser más propensos a experimentar problemas de juego.

Es importante tener en cuenta que estos factores de riesgo no garantizan que un joven desarrollará problemas de juego, pero sí aumentan la probabilidad de que esto ocurra. Si un joven presenta uno o más de estos factores de riesgo, es importante estar atento a cualquier señal de alerta y buscar ayuda profesional si se sospecha que puede estar experimentando problemas de juego.

¿Por qué los jóvenes juegan?

Hay varias razones por las que los jóvenes pueden comenzar a jugar. Algunos de los motivos más comunes incluyen:

Experimentar emociones intensas: Los juegos de azar pueden producir emociones intensas, como la emoción, el riesgo y la anticipación. Para algunos jóvenes, estas emociones pueden ser atractivas y pueden buscarlas a través del juego.

Escapar de la realidad: Los juegos de azar también pueden ser una forma de escapar de problemas o situaciones estresantes en la vida real. Para algunos jóvenes, el juego puede ser una forma de evadir temporalmente sus problemas y preocupaciones.

Sociedad y presión social: La cultura de los juegos de azar en algunos países y comunidades puede influir en que los jóvenes comiencen a jugar. La presión social y el deseo de encajar en un grupo pueden motivar a algunos jóvenes a experimentar con el juego.

Curiosidad: Algunos jóvenes pueden comenzar a jugar por curiosidad o por querer experimentar algo nuevo y emocionante.

Es importante tener en cuenta que no todos los jóvenes que juegan desarrollan problemas de juego. Sin embargo, aquellos que experimentan problemas de juego pueden presentar motivos similares para jugar, pero con el tiempo se vuelve una actividad incontrolable y perjudicial para su vida y la de sus seres queridos. Es fundamental estar atentos a los cambios en el comportamiento de los jóvenes y buscar ayuda profesional si se sospecha que pueden estar experimentando problemas de juego.

Consecuencias del juego patológico

El juego patológico o la ludopatía, puede tener consecuencias graves y negativas para la vida de un joven y su entorno. Estas consecuencias pueden afectar tanto la salud mental y emocional del joven como su vida financiera, social y personal. Algunas de las consecuencias más comunes del juego patológico incluyen:

Problemas financieros: El juego patológico puede llevar a un joven a gastar grandes cantidades de dinero en juegos de azar, lo que puede resultar en deudas, atrasos en el pago de facturas, pérdida de empleo, entre otros problemas financieros.

Problemas de salud mental: El juego patológico puede tener un impacto significativo en la salud mental de un joven, incluyendo ansiedad, depresión, estrés y trastornos del sueño.

Problemas sociales: El juego patológico puede llevar a un joven a aislarse socialmente, perdiendo el contacto con amigos y familiares. Además, pueden presentarse conflictos familiares o de pareja debido a las mentiras, ocultamientos y problemas económicos.

Problemas académicos: Los jóvenes que experimentan problemas de juego pueden tener dificultades para mantenerse enfocados en sus estudios y pueden presentar un bajo rendimiento académico.

Problemas legales: El juego patológico puede llevar a un joven a cometer delitos como fraude, robo, entre otros, para obtener dinero para seguir jugando.

Es importante recordar que estas son solo algunas de las consecuencias que puede presentar un joven que experimenta problemas de juego. Es fundamental que los padres estén atentos a cualquier señal de alerta y busquen ayuda profesional si sospechan que su hijo está experimentando problemas de juego. De esta forma, podrán prevenir o intervenir tempranamente para evitar que los efectos del juego patológico se intensifiquen y afecten aún más la vida de su hijo.

Comorbilidad con otros problemas de salud mental

El juego patológico puede estar relacionado con otros problemas de salud mental, lo que se conoce como comorbilidad. Algunos de los problemas de salud mental que pueden coexistir con el juego patológico en los jóvenes incluyen:

Trastornos de ansiedad: Los jóvenes que experimentan problemas de juego pueden presentar trastornos de ansiedad, como trastorno de ansiedad generalizada, trastorno obsesivo-compulsivo y trastorno de pánico.

Depresión: Los jóvenes que experimentan problemas de juego también pueden presentar depresión, que puede manifestarse en forma de tristeza, falta de energía, problemas de sueño y apetito, y sentimientos de desesperanza y desesperación.

Abuso de sustancias: Los jóvenes que experimentan problemas de juego también pueden presentar problemas de abuso de sustancias, como el consumo de alcohol o drogas.

Trastornos de personalidad: Algunos jóvenes con problemas de juego pueden presentar trastornos de personalidad, como trastorno límite de la personalidad, trastorno narcisista de la personalidad o trastorno antisocial de la personalidad.

Es importante tener en cuenta que la comorbilidad con otros problemas de salud mental puede complicar el diagnóstico y tratamiento del juego patológico. Por lo tanto, es fundamental que los padres estén atentos a cualquier señal de alerta y busquen ayuda profesional si sospechan que su hijo está experimentando problemas de juego y otros problemas de salud mental al mismo tiempo. De esta manera, podrán recibir un tratamiento adecuado y completo para ayudarlos a recuperarse y mejorar su calidad de vida.

La importancia de la prevención

La prevención del juego patológico es esencial para reducir el impacto negativo que puede tener en la vida de los jóvenes y su entorno. La prevención puede ayudar a evitar que los jóvenes desarrollen problemas de juego, o a intervenir tempranamente para prevenir que los efectos negativos del juego patológico se intensifiquen. A continuación se detallan algunas razones por las cuales es importante prevenir el juego patológico en los jóvenes:

El juego patológico puede tener consecuencias graves y negativas: Como se mencionó anteriormente, el juego patológico puede tener consecuencias graves y negativas en la vida de los jóvenes y su entorno. La prevención puede ayudar a evitar que los jóvenes experimenten estos problemas y a minimizar el impacto de los mismos.

El juego patológico puede ser adictivo: El juego patológico puede ser adictivo, y cuanto más tiempo un joven juega, más difícil puede ser para él o ella detenerse. La prevención puede ayudar a evitar que los jóvenes caigan en esta trampa y a interrumpir patrones de comportamiento antes de que se vuelvan adictivos.

El juego patológico puede ser costoso: El juego patológico puede ser costoso, y los jóvenes que desarrollan problemas de juego pueden terminar endeudados o con dificultades financieras. La prevención puede ayudar a evitar que los jóvenes se involucren en comportamientos que puedan resultar en problemas financieros.

La prevención puede ser más efectiva que el tratamiento: Aunque el tratamiento para el juego patológico puede ser efectivo, la prevención es una forma más efectiva y económica de abordar el problema. Al intervenir tempranamente y evitar que los jóvenes desarrollen problemas de juego, se puede evitar la necesidad de un tratamiento costoso y prolongado.

En resumen, la prevención del juego patológico es importante porque puede ayudar a evitar que los jóvenes experimenten problemas graves y negativos en su vida, y puede ser más efectiva que el tratamiento para abordar el problema. Por lo tanto, es fundamental que los padres estén atentos a cualquier señal de alerta y busquen ayuda profesional si sospechan que su hijo está experimentando problemas de juego. Además, es importante fomentar hábitos saludables y educar a los jóvenes sobre los riesgos asociados con el juego patológico.

Prevención en casa

La prevención del juego patológico puede comenzar en casa. Los padres pueden tomar medidas para ayudar a prevenir el juego patológico y fomentar hábitos saludables en sus hijos. A continuación se detallan algunas estrategias de prevención que los padres pueden implementar en el hogar:

Establecer reglas claras: Los padres deben establecer reglas claras sobre el uso de dispositivos electrónicos, como computadoras, tabletas y teléfonos móviles. Por ejemplo, pueden establecer límites de tiempo para el uso de dispositivos y prohibir el uso de dispositivos en ciertas áreas de la casa, como la habitación de los padres. También es importante establecer reglas claras sobre el uso del dinero y el acceso a tarjetas de crédito.

Supervisar el uso de dispositivos electrónicos: Los padres deben supervisar el uso de dispositivos electrónicos por parte de sus hijos, especialmente cuando se trata de juegos en línea. Los padres deben estar atentos a los juegos que sus hijos están jugando y monitorear su comportamiento en línea. También deben asegurarse de que los juegos sean apropiados para la edad de sus hijos y de que no contengan contenido inapropiado.

Fomentar actividades alternativas: Es importante fomentar actividades alternativas y saludables, como deportes, juegos de mesa y lectura, para que los jóvenes no dependan exclusivamente del juego. Los padres pueden incentivar a sus hijos a participar en actividades extracurriculares y a pasar tiempo con amigos y familiares.

Educar a los hijos: Los padres deben educar a sus hijos sobre los riesgos asociados con el juego patológico y los efectos negativos que puede tener en su vida y en la de sus seres queridos. También es importante enseñarles habilidades de toma de decisiones y resolución de problemas para ayudarlos a tomar decisiones informadas y responsables.

Buscar ayuda profesional: Si los padres sospechan que su hijo está experimentando problemas de juego, deben buscar ayuda profesional de inmediato. Los profesionales de la salud mental pueden ayudar a los jóvenes y a sus familias a abordar el problema de manera efectiva y a prevenir que se intensifique.

En resumen, la prevención del juego patológico en casa puede involucrar establecer reglas claras, supervisar el uso de dispositivos electrónicos, fomentar actividades alternativas, educar a los hijos y buscar ayuda profesional si es necesario. Al tomar medidas proactivas, los padres pueden ayudar a prevenir el juego patológico y fomentar hábitos saludables en sus hijos.

Prevención en la escuela

La prevención del juego patológico también puede ser abordada en la escuela. Los educadores y personal de la escuela pueden tomar medidas para educar a los estudiantes sobre el juego patológico y fomentar un ambiente saludable en la escuela. A continuación, se detallan algunas estrategias de prevención que se pueden implementar en la escuela:

Educación sobre el juego patológico: Los educadores pueden incluir información sobre el juego patológico en el plan de estudios y proporcionar recursos y materiales educativos para los estudiantes. Esto puede incluir discusiones en clase, folletos informativos, videos educativos y charlas de expertos en el tema.

Promover actividades alternativas: La escuela puede fomentar actividades alternativas y saludables para los estudiantes, como deportes, arte y música, para ayudar a prevenir el juego patológico. Los educadores también pueden involucrar a los estudiantes en proyectos de servicio comunitario y actividades de voluntariado para ayudarles a desarrollar un sentido de propósito y conexión con su comunidad.

Supervisar el uso de dispositivos electrónicos: La escuela puede establecer políticas claras sobre el uso de dispositivos electrónicos en la escuela y supervisar el uso de dispositivos electrónicos por parte de los estudiantes durante las horas de clase. Los educadores pueden proporcionar orientación sobre el uso seguro y responsable de dispositivos electrónicos y ayudar a los estudiantes a desarrollar habilidades de control de impulsos.

Fomentar un ambiente de apoyo: La escuela puede fomentar un ambiente de apoyo y comprensión para los estudiantes que están experimentando problemas de juego. Los educadores pueden trabajar con los estudiantes y sus familias para conectarlos con los recursos y el apoyo adecuados para abordar el problema de manera efectiva.

Colaborar con los padres: La escuela puede colaborar con los padres para abordar el problema del juego patológico. Los educadores pueden comunicarse regularmente con los padres sobre los comportamientos de los estudiantes y proporcionar recursos y orientación sobre cómo prevenir el juego patológico en el hogar.

En resumen, la prevención del juego patológico en la escuela puede implicar educación sobre el juego patológico, promoción de actividades alternativas, supervisión del uso de dispositivos electrónicos, fomento de un ambiente de apoyo y colaboración con los padres. Al trabajar juntos, los educadores y los padres pueden ayudar a prevenir el juego patológico y fomentar hábitos saludables en los estudiantes.

El papel de los padres y cuidadores

Los padres y cuidadores tienen un papel crucial en la prevención del juego patológico en los jóvenes. Aquí hay algunas estrategias que pueden ayudar:

Comunicación abierta: La comunicación abierta y regular con los jóvenes puede ayudar a los padres a detectar problemas relacionados con el juego patológico antes de que se conviertan en un problema grave. Los padres deben preguntar a sus hijos sobre sus actividades diarias, amigos y cualquier problema que puedan estar enfrentando. También deben estar atentos a cualquier cambio en el comportamiento o el estado de ánimo de sus hijos.

Establecer límites claros: Es importante que los padres establezcan límites claros en cuanto al tiempo que sus hijos pueden dedicar a los videojuegos y otros tipos de juego. También deben establecer límites claros en cuanto al dinero que los niños pueden gastar en los juegos.

Modelar un comportamiento saludable: Los padres deben ser un buen ejemplo para sus hijos en cuanto a cómo manejan el tiempo y el dinero. Si los padres pasan demasiado tiempo jugando o gastan dinero en juegos de azar, sus hijos pueden seguir su ejemplo.

Fomentar actividades alternativas: Los padres pueden ayudar a sus hijos a encontrar actividades alternativas y saludables para que puedan disfrutar en su tiempo libre. Esto puede incluir deportes, arte, música, actividades al aire libre y voluntariado.

Conocer los signos de alerta: Los padres deben estar familiarizados con los signos de alerta del juego patológico. Si observan que sus hijos están gastando mucho tiempo y dinero en juegos, si han dejado de participar en actividades que antes disfrutaban, si se han vuelto secretos o han empezado a mentir sobre su actividad de juego, es posible que haya un problema.

Buscar ayuda profesional: Si los padres sospechan que sus hijos tienen un problema de juego patológico, deben buscar ayuda profesional. Un psicólogo o terapeuta especializado en problemas de juego puede ayudar a los jóvenes a superar el problema y desarrollar habilidades de control de impulsos.

En resumen, los padres y cuidadores tienen un papel importante en la prevención del juego patológico en los jóvenes. La comunicación abierta, el establecimiento de límites claros, el modelado de un comportamiento saludable, la promoción de actividades alternativas, la detección temprana de los signos de alerta y la búsqueda de ayuda profesional pueden ayudar a los jóvenes a desarrollar hábitos saludables y prevenir el juego patológico.

Comunicación efectiva

La comunicación efectiva es fundamental para prevenir el juego patológico en los jóvenes. Aquí hay algunas estrategias que pueden ayudar a los padres y cuidadores a comunicarse de manera efectiva con sus hijos:

Escuchar activamente: Cuando los jóvenes hablan, es importante que los padres escuchen con atención y se aseguren de entender lo que están diciendo. Los padres deben hacer preguntas claras y abiertas para obtener más información sobre lo que está sucediendo en la vida de sus hijos.

Evitar la crítica y el juicio: Es importante que los padres eviten la crítica y el juicio al hablar con sus hijos sobre el juego patológico. En lugar de decirles a sus hijos lo que están haciendo mal, los padres deben tratar de entender por qué sus hijos están jugando tanto y ofrecerles apoyo y ayuda.

Ser empático: Los padres deben tratar de ponerse en el lugar de sus hijos y entender cómo se sienten. Al mostrar empatía y comprensión, los padres pueden construir una relación más sólida y ayudar a sus hijos a sentirse escuchados y comprendidos.

Ser honesto y directo: Los padres deben ser honestos y directos cuando hablan con sus hijos sobre el juego patológico. Deben explicar claramente por qué es importante prevenir el juego patológico y cómo puede afectar la vida de sus hijos a largo plazo.

Proporcionar información útil: Los padres deben proporcionar información útil y práctica sobre cómo prevenir el juego patológico. Esto puede incluir establecer límites claros en cuanto al tiempo y dinero que se dedica al juego, y ofrecer alternativas saludables y divertidas para que sus hijos puedan disfrutar.

Mantener una comunicación abierta y regular: Es importante que los padres mantengan una comunicación abierta y regular con sus hijos sobre el juego patológico. Esto les permitirá detectar cualquier problema antes de que se convierta en un problema grave y ofrecer apoyo y ayuda a sus hijos cuando lo necesiten.

En resumen, la comunicación efectiva es clave para prevenir el juego patológico en los jóvenes. Los padres deben escuchar activamente, evitar la crítica y el juicio, ser empáticos, ser honestos y directos, proporcionar información útil y mantener una comunicación abierta y regular con sus hijos para ayudarles a desarrollar hábitos saludables y prevenir el juego patológico.

Establecimiento de límites y normas

El establecimiento de límites y normas claras es fundamental para prevenir el juego patológico en los jóvenes. Aquí hay algunas estrategias que pueden ayudar a los padres y cuidadores a establecer límites efectivos:

Establecer límites de tiempo: Los padres deben establecer límites claros en cuanto al tiempo que sus hijos pueden dedicar al juego. Los límites deben ser realistas y apropiados para la edad y el nivel de desarrollo de sus hijos. Por ejemplo, se puede establecer un límite de tiempo de una hora por día para los jóvenes más pequeños y dos o tres horas por semana para los adolescentes.

Establecer límites de dinero: Los padres deben establecer límites claros en cuanto al dinero que sus hijos pueden gastar en el juego. Deben asegurarse de que sus hijos comprendan la importancia de administrar bien su dinero y evitar gastar más de lo que pueden permitirse.

Establecer consecuencias claras: Los padres deben establecer consecuencias claras en caso de que sus hijos incumplan las normas establecidas. Por ejemplo, se puede establecer una regla en la que, si un joven gasta más dinero del permitido en el juego, tendrá que realizar tareas adicionales en casa o perder el acceso a los dispositivos electrónicos durante un tiempo determinado.

Ser coherente: Es importante que los padres sean coherentes al aplicar los límites y normas establecidos. Deben asegurarse de que sus hijos comprendan que los límites son importantes y que se aplicarán de manera consistente.

Revisar y ajustar los límites: Los padres deben revisar regularmente los límites y normas que han establecido para asegurarse de que sigan siendo apropiados y efectivos. Si un límite no está funcionando o es demasiado restrictivo, los padres deben estar abiertos a ajustarlo en consecuencia.

En resumen, establecer límites y normas claras es esencial para prevenir el juego patológico en los jóvenes. Los padres deben establecer límites de tiempo y dinero, establecer consecuencias claras, ser coherentes al aplicar las normas y revisar regularmente los límites establecidos para asegurarse de que sigan siendo apropiados y efectivos. Al hacerlo, pueden ayudar a sus hijos a desarrollar hábitos saludables y prevenir el juego patológico.

Supervisión y monitoreo

La supervisión y el monitoreo son estrategias importantes para prevenir el juego patológico en los jóvenes. Aquí hay algunas maneras en que los padres y cuidadores pueden supervisar y monitorear el comportamiento de sus hijos:

Aprender sobre los juegos: Los padres deben estar informados sobre los diferentes tipos de juegos en línea y en dispositivos móviles que sus hijos pueden estar jugando. Deben conocer los riesgos asociados con cada uno de ellos y cómo pueden afectar a sus hijos.

Hablar con los hijos sobre su comportamiento de juego: Los padres deben tener conversaciones regulares con sus hijos sobre su comportamiento de juego y preguntarles si han experimentado algún problema relacionado con el juego. También deben estar atentos a cualquier cambio en el comportamiento de sus hijos que pueda indicar un problema de juego.

Monitorear el acceso a los dispositivos electrónicos: Los padres deben supervisar y limitar el acceso de sus hijos a los dispositivos electrónicos que pueden usar para jugar.

Deben establecer reglas claras sobre cuándo y por cuánto tiempo se les permite usar estos dispositivos.

Controlar el uso de tarjetas de crédito: Los padres deben tener control sobre el uso de tarjetas de crédito y débito de sus hijos para prevenir el gasto excesivo en los juegos en línea. Pueden establecer límites en el uso de estas tarjetas y revisar regularmente los estados de cuenta.

Usar herramientas de control parental: Los padres pueden utilizar herramientas de control parental en los dispositivos electrónicos que sus hijos utilizan para jugar. Estas herramientas pueden ayudar a limitar el tiempo de juego, controlar el acceso a ciertos juegos y establecer límites de gasto.

En resumen, la supervisión y el monitoreo son importantes para prevenir el juego patológico en los jóvenes. Los padres deben aprender sobre los juegos que sus hijos están jugando, hablar con ellos sobre su comportamiento de juego, controlar su acceso a dispositivos electrónicos, monitorear el uso de tarjetas de crédito y utilizar herramientas de control parental. Al hacerlo, pueden proteger a sus hijos de los riesgos asociados con el juego patológico y ayudarlos a desarrollar hábitos de juego saludables.

Reducción del acceso al juego

La reducción del acceso al juego es otra estrategia importante para prevenir el juego patológico en los jóvenes. Aquí hay algunas maneras en que los padres y cuidadores pueden reducir el acceso de sus hijos a los juegos:

Limitar el acceso a internet: Los padres pueden limitar el acceso a internet en el hogar, estableciendo controles parentales o utilizando software de filtrado de contenido. Esto puede reducir la cantidad de tiempo que los niños pasan en línea y limitar su exposición a juegos en línea.

Limitar el acceso a dispositivos electrónicos: Los padres pueden limitar el acceso de sus hijos a los dispositivos electrónicos que utilizan para jugar, estableciendo horarios de uso y limitando el tiempo que pasan en los dispositivos.

Establecer límites de tiempo para jugar: Los padres pueden establecer límites de tiempo para jugar, lo que puede ayudar a limitar la cantidad de tiempo que los niños pasan jugando. También pueden establecer límites en el momento del día en que se les permite jugar.

Fomentar actividades alternativas: Los padres pueden fomentar actividades alternativas, como deportes, arte, música o lectura, para que los niños tengan opciones alternativas a los juegos. Esto puede ayudar a reducir el tiempo que pasan jugando y aumentar su exposición a actividades saludables.

Supervisar el juego en línea: Los padres pueden supervisar el juego en línea de sus hijos para asegurarse de que estén jugando juegos apropiados para su edad y que no estén expuestos a contenido inapropiado o peligroso.

En resumen, la reducción del acceso al juego es una estrategia importante para prevenir el juego patológico en los jóvenes. Los padres pueden limitar el acceso a internet y dispositivos electrónicos, establecer límites de tiempo para jugar, fomentar actividades alternativas y supervisar el juego en línea de sus hijos. Al hacerlo, pueden ayudar a sus hijos a desarrollar hábitos de juego saludables y prevenir problemas de juego en el futuro.

Otras actividades

Fomentar otras actividades es una estrategia importante para prevenir el juego patológico en los jóvenes. Al tener opciones de actividades alternativas, los jóvenes pueden reducir el tiempo que pasan jugando y tener un equilibrio en su vida.

Aquí hay algunas actividades que los padres y cuidadores pueden fomentar en sus hijos:

Deportes: Los deportes son una excelente manera de mantener a los jóvenes activos y comprometidos en una actividad social. Los deportes también pueden fomentar la disciplina y la motivación en los jóvenes, lo que puede ayudarles a desarrollar habilidades valiosas que pueden aplicar a otras áreas de sus vidas.

Arte y música: Las actividades artísticas y musicales pueden ser excelentes para fomentar la creatividad y la autoexpresión en los jóvenes. La participación en estas actividades puede ayudar a los jóvenes a desarrollar habilidades de resolución de problemas, pensamiento crítico y trabajo en equipo.

Voluntariado: El voluntariado es una excelente manera de fomentar la empatía y la compasión en los jóvenes. Al participar en actividades de voluntariado, los jóvenes pueden aprender la importancia de servir a los demás y contribuir a su comunidad.

Lectura y escritura: La lectura y la escritura son actividades excelentes para fomentar el pensamiento crítico y la alfabetización en los jóvenes. La lectura y la escritura también pueden ayudar a los jóvenes a desarrollar habilidades de comunicación y a expresarse con claridad.

Actividades al aire libre: Las actividades al aire libre pueden ser excelentes para fomentar la exploración y la conexión con la naturaleza en los jóvenes. Las actividades al aire libre también pueden ser una excelente manera de reducir el estrés y mejorar el bienestar general.

En resumen, fomentar otras actividades es una estrategia importante para prevenir el juego patológico en los jóvenes. Los padres y cuidadores pueden fomentar deportes, arte y música, voluntariado, lectura y escritura, y actividades al aire libre. Al hacerlo, pueden ayudar a sus hijos a desarrollar hábitos saludables y equilibrados en su vida diaria y prevenir problemas de juego en el futuro.

Intervención temprana

La intervención temprana es crucial para abordar el juego patológico en los jóvenes. Si se detecta temprano, se puede proporcionar una intervención efectiva antes de que el problema empeore. La intervención temprana también puede reducir el riesgo de problemas adicionales de salud mental y problemas relacionados con el juego en el futuro.

Aquí hay algunas estrategias efectivas de intervención temprana para el juego patológico en los jóvenes:

Terapia cognitivo-conductual (TCC): La TCC es un enfoque de tratamiento efectivo para el juego patológico en los jóvenes. La TCC se enfoca en ayudar a los jóvenes a identificar y cambiar los patrones de pensamiento y comportamiento negativos relacionados con el juego. Esto puede incluir la identificación y manejo de desencadenantes emocionales y la adopción de hábitos y habilidades para el control de impulsos.

Asesoramiento financiero: Para muchos jóvenes con problemas de juego, los problemas financieros son una consecuencia directa de su comportamiento. La asesoría financiera puede ser un componente importante de la intervención temprana, ya que puede ayudar a los jóvenes a comprender los riesgos financieros asociados con el juego y a desarrollar estrategias efectivas de gestión del dinero.

Apoyo familiar: El apoyo familiar puede ser un factor importante en el éxito de la intervención temprana. La comunicación abierta y el apoyo emocional pueden ayudar a los jóvenes a sentirse menos aislados y más motivados para hacer cambios positivos en su vida. Los padres y cuidadores pueden ayudar a los jóvenes a establecer objetivos realistas y fomentar la autoestima y la confianza en sí mismos.

Grupos de apoyo: Los grupos de apoyo pueden ser una fuente importante de apoyo emocional y práctico para los jóvenes con problemas de juego. Los grupos de apoyo pueden proporcionar un ambiente seguro donde los jóvenes pueden compartir sus experiencias y sentirse comprendidos. Los grupos de apoyo también pueden proporcionar recursos y estrategias efectivas de afrontamiento.

En resumen, la intervención temprana es crucial para abordar el juego patológico en los jóvenes. La TCC, el asesoramiento financiero, el apoyo familiar y los grupos de apoyo son estrategias efectivas para la intervención temprana. Al proporcionar una intervención temprana efectiva, se puede reducir el riesgo de problemas de salud mental y problemas relacionados con el juego en el futuro.

Tratamiento profesional

Cuando se trata de juego patológico en los jóvenes, el tratamiento profesional puede ser un componente importante para una recuperación exitosa. Hay varias opciones de tratamiento disponibles para los jóvenes que luchan con el juego patológico, incluyendo:

Terapia individual: La terapia individual puede ser útil para los jóvenes que buscan una atención personalizada para sus problemas de juego. Un terapeuta capacitado en el tratamiento del juego patológico puede ayudar a los jóvenes a explorar los problemas subyacentes que pueden estar contribuyendo a su comportamiento de juego, así como a desarrollar habilidades para el manejo de la impulsividad y la toma de decisiones más saludables.

Terapia de grupo: La terapia de grupo puede proporcionar una oportunidad para que los jóvenes compartan sus experiencias y desafíos relacionados con el juego, al mismo tiempo que reciben el apoyo emocional y la orientación de otros que pasan por situaciones similares. Además, la terapia de grupo puede ayudar a los jóvenes a desarrollar habilidades sociales y de comunicación saludables.

Tratamiento residencial: Para los jóvenes con problemas de juego severos, el tratamiento residencial puede ser una opción efectiva. Los programas residenciales pueden proporcionar un ambiente estructurado y de apoyo para la recuperación, que incluye terapia individual y grupal, apoyo emocional y educación sobre el juego y la prevención de recaídas.

Medicamentos: Aunque no hay medicamentos específicos aprobados por la FDA para el tratamiento del juego patológico, algunos medicamentos pueden ser útiles para tratar los síntomas asociados con el trastorno, como la ansiedad o la depresión.

Es importante recordar que no hay una sola estrategia de tratamiento que funcione para todos los jóvenes con problemas de juego. La elección del tratamiento dependerá de las necesidades individuales del joven y del nivel de gravedad del trastorno. Además, la recuperación del juego patológico es un proceso continuo que puede requerir una combinación de diferentes estrategias de tratamiento y apoyo a largo plazo.

Terapia cognitivo-conductual

La terapia cognitivo-conductual (TCC) es un tipo de terapia que ha demostrado ser efectiva en el tratamiento del juego patológico en jóvenes y adultos. La TCC se enfoca en cambiar los patrones de pensamiento y comportamiento que pueden estar contribuyendo al juego patológico.

La terapia cognitivo-conductual generalmente consta de tres componentes principales:

Evaluación: En esta etapa, el terapeuta trabaja con el joven para entender su patrón de juego y los factores que pueden estar contribuyendo al problema. La evaluación puede incluir entrevistas, cuestionarios y pruebas psicológicas.

Terapia cognitiva: En esta etapa, el terapeuta trabaja con el joven para identificar y cambiar los patrones de pensamiento que pueden estar contribuyendo al juego patológico. Por ejemplo, el terapeuta puede ayudar al joven a identificar pensamientos automáticos negativos sobre el juego, como "necesito jugar para sentirme bien", y reemplazarlos con pensamientos más saludables, como "puedo encontrar otras formas de sentirme bien".

Terapia conductual: En esta etapa, el terapeuta trabaja con el joven para desarrollar habilidades para el manejo de la impulsividad y la toma de decisiones más saludables. Esto puede incluir técnicas como la identificación de desencadenantes, la planificación de actividades alternativas, y la práctica de la toma de decisiones saludables.

La terapia cognitivo-conductual puede ser proporcionada en sesiones individuales o de grupo, y generalmente se administra durante un período de varias semanas o meses. Los estudios han encontrado que la TCC es efectiva en el tratamiento del juego patológico en jóvenes y adultos, y puede ser una opción de tratamiento efectiva para los jóvenes que luchan con este trastorno.

Terapia de grupo

La terapia de grupo es un tipo de tratamiento que puede ser útil para los jóvenes que están luchando con el juego patológico. En la terapia de grupo, los jóvenes se reúnen con un terapeuta y otros jóvenes que también están lidiando con problemas similares. El objetivo de la terapia de grupo es proporcionar apoyo emocional y ayudar a los jóvenes a aprender habilidades para enfrentar el juego patológico.

La terapia de grupo para el juego patológico generalmente se basa en la terapia cognitivo-conductual, y puede incluir discusiones sobre los desencadenantes del juego, la toma de decisiones saludables, la planificación de actividades alternativas, y el manejo de los pensamientos automáticos negativos. Los jóvenes también pueden recibir apoyo emocional de otros miembros del grupo que están pasando por problemas similares.

La terapia de grupo puede ser proporcionada en una variedad de entornos, incluyendo clínicas de salud mental, escuelas y organizaciones comunitarias. Los estudios han encontrado que la terapia de grupo puede ser efectiva en el tratamiento del juego patológico en jóvenes, y puede ser una opción de tratamiento útil para los jóvenes que se benefician del apoyo y la conexión con otros jóvenes que luchan con problemas similares.

Terapia familiar

La terapia familiar es un tipo de tratamiento que puede ser beneficioso para los jóvenes que están luchando con el juego patológico, ya que el juego puede afectar a toda la familia. La terapia familiar se centra en abordar los problemas relacionales y comunicativos entre los miembros de la familia, y en ayudar a la familia a trabajar juntos para resolver los problemas.

Durante la terapia familiar, el terapeuta trabajará con la familia para identificar las dinámicas y patrones de comunicación que pueden estar contribuyendo al problema del juego patológico. El terapeuta también ayudará a la familia a establecer límites y normas claras en torno al juego, y a mejorar la comunicación y la resolución de conflictos.

La terapia familiar también puede ser útil para ayudar a los padres a entender mejor los factores que contribuyen al juego patológico en los jóvenes y cómo pueden apoyar a sus hijos a lo largo del proceso de recuperación. Los padres pueden aprender habilidades para reconocer los signos de alerta del juego patológico y para comunicarse efectivamente con sus hijos.

La terapia familiar puede ser proporcionada en una variedad de entornos, incluyendo clínicas de salud mental, consultorios privados y organizaciones comunitarias. La investigación ha demostrado que la terapia familiar puede ser efectiva en el tratamiento del juego patológico en jóvenes, y puede ser una opción de tratamiento útil para las familias que están lidiando con el juego patológico.

Terapia farmacológica

Aunque no hay un medicamento específico aprobado para el tratamiento del juego patológico, algunos medicamentos pueden ser útiles para tratar los síntomas asociados con esta condición. La terapia farmacológica se enfoca en el uso de medicamentos para reducir la ansiedad, la depresión y otros problemas de salud mental que pueden contribuir al juego patológico.

Los medicamentos que a menudo se prescriben para tratar el juego patológico incluyen antidepresivos, ansiolíticos, estabilizadores del estado de ánimo y otros medicamentos psiquiátricos. Estos medicamentos pueden ayudar a reducir los síntomas de ansiedad y depresión que a menudo están presentes en personas con problemas de juego patológico.

Es importante tener en cuenta que los medicamentos no son una solución a largo plazo para el juego patológico y que no son una cura para esta condición. La terapia farmacológica se usa comúnmente en combinación con otras terapias, como la terapia cognitivo-conductual y la terapia de grupo.

La terapia farmacológica también puede ayudar a controlar los síntomas de otras condiciones médicas o psiquiátricas que pueden estar presentes en personas con problemas de juego patológico. Por ejemplo, un paciente con trastorno de ansiedad generalizada puede beneficiarse del uso de un ansiolítico para reducir los síntomas de ansiedad que pueden contribuir al juego patológico.

En general, la terapia farmacológica debe ser utilizada bajo la supervisión de un médico especialista en salud mental, quien puede evaluar los beneficios y riesgos de un tratamiento farmacológico y ajustar la dosis y el tipo de medicamento según las necesidades individuales del paciente.

Autoayuda y grupos de apoyo

Además del tratamiento profesional, las personas que padecen juego patológico pueden beneficiarse de la autoayuda y los grupos de apoyo. Estas opciones pueden ayudar a las personas a conectarse con otros que tienen problemas similares y a obtener apoyo y orientación para superar su adicción al juego.

Los grupos de autoayuda, como Jugadores Anónimos, son organizaciones lideradas por personas que han superado su adicción al juego. Estos grupos ofrecen reuniones regulares en las que los miembros comparten sus experiencias, fortalezas y esperanzas en relación con el juego patológico. Al asistir a estas reuniones, los miembros pueden obtener apoyo emocional, consejos prácticos y herramientas para controlar su comportamiento de juego.

Además de los grupos de autoayuda, hay muchas organizaciones que brindan información, recursos y apoyo a personas que luchan contra el juego patológico y sus familiares. Estos grupos pueden ofrecer terapia grupal, asesoramiento y recursos educativos para ayudar a las personas a comprender mejor su adicción y cómo pueden superarla.

La autoayuda también puede implicar la adopción de cambios en el estilo de vida para reducir el riesgo de recaída en el juego patológico. Por ejemplo, algunas personas pueden encontrar útil evitar situaciones de alto riesgo, como casinos o lugares de juego en línea. Otros pueden beneficiarse de desarrollar nuevas actividades o pasatiempos que sean saludables y gratificantes.

Es importante recordar que la autoayuda y los grupos de apoyo no deben considerarse un reemplazo para el tratamiento profesional, sino más bien como un complemento útil. La combinación de tratamiento profesional, autoayuda y grupos de apoyo puede brindar una gama completa de herramientas y recursos para ayudar a las personas a superar su adicción al juego y llevar una vida saludable y equilibrada.

Autoayuda y grupos de apoyo por provincias

Índice

Islas Baleares

Canarias:

Las Palmas

Santa Cruz de Tenerife

Cantabria:

Cantabria

Castilla-La Mancha:

Albacete

Ciudad Real

Cuenca

Guadalajara

Toledo

Castilla y León:

Ávila

Burgos

León

Palencia

Salamanca

Segovia

Soria

Valladolid

Zamora

Cataluña:

Barcelona

Girona

Lleida

Tarragona

Comunidad Valenciana:

Alicante

Castellón

Valencia

Extremadura:

Badajoz

Cáceres

Galicia:

A Coruña

Lugo

Ourense

Pontevedra

La Rioja:

La Rioja

Madrid:

Madrid

Murcia:

Murcia

Navarra:

Navarra

País Vasco:

Álava

Guipúzcoa

Vizcaya

Espero

Autoayuda y grupos de apoyo por provincias

Andalucía

Federación Andaluza de Jugadores de Azar en Rehabilitación (FAJER): es una federación que agrupa a varias asociaciones de ayuda a personas con problemas de juego en Andalucía. Ofrecen asesoramiento, terapia y apoyo a personas con problemas de juego ya sus familiares. Puede encontrar más información sobre sus servicios en su página web: http://www.fajer.org/

Fundación Andaluza para la Integración Social del Enfermo Mental (FAISEM): es una fundación que ofrece servicios de rehabilitación psicosocial a personas con problemas de salud mental, incluyendo adicciones comportamentales

Aragón

Asociación Aragonesa de Jugadores de Azar en Rehabilitación (ASAJER): es una asociación que ofrece apoyo, asesoramiento y tratamiento a personas con problemas de juego ya sus familias en toda la comunidad de Aragón. Puedes contactar con ellos a través de su página web: https://www.asajer.es/

Jugadores Anónimos España: es una organización sin ánimo de lucro que ofrece reuniones presenciales y virtuales para personas con problemas de juego y sus familias en varias ciudades de Aragón,

Asturias

Asociación de Jugadores en Rehabilitación de Asturias (AJRA): es una asociación que ofrece apoyo, asesoramiento y tratamiento a personas con problemas de juego ya sus familias en toda la provincia de Asturias. Puedes contactar con ellos a través de su página web: http://www.ajra.es/

Gijón

Asociación Asturiana de Ludopatía y Nuevas Adicciones (AALNA): es una asociación que ofrece apoyo, asesoramiento y tratamiento a personas con problemas de juego ya sus familias en la ciudad de Gijón. Puedes contactar con ellos a través de su página web: http://www.aalna.org/

Oviedo

Asociación de Ayuda a Jugadores de Azar Rehabilitados de Oviedo (AAJARO): es una asociación que ofrece apoyo, asesoramiento y tratamiento a personas con problemas de juego ya sus familias en la ciudad de Oviedo. Puedes contactar con ellos a través de su página web: http://www.aajaro.es/

Baleares

Mallorca:

Asociación Balear de Jugadores de Azar Rehabilitados (ABJAR): es una asociación que ofrece apoyo, asesoramiento y tratamiento a personas con problemas de juego y a sus familias en la isla de Mallorca. Puedes contactarlos a través de su página web o del teléfono (+34) 971 750 993.

Narcóticos Anónimos (NA) Mallorca: es un grupo de apoyo para personas que desean superar adicciones de todo tipo, incluyendo la ludopatía. Puedes encontrar información de sus reuniones en su página web o contactarlos por teléfono en el (+34) 677 258 919.

Menorca:

Asociación Balear de Jugadores de Azar Rehabilitados (ABJAR): también tienen presencia en la isla de Menorca y ofrecen apoyo, asesoramiento y tratamiento a personas con problemas de juego y a sus familias. Puedes contactarlos a través de su página web o del teléfono (+34) 971 750 993.

Alcohólicos Anónimos (AA) Menorca: aunque su enfoque principal es la adicción al alcohol, también tienen reuniones que pueden ser de ayuda para personas con problemas de ludopatía. Puedes encontrar información de sus reuniones en su página web o contactarlos por teléfono en el (+34) 971 353 881.

Es importante mencionar que estos son solo algunos ejemplos de los recursos disponibles en las Islas Baleares y que existen muchos más grupos y organizaciones que pueden brindar apoyo y ayuda en la lucha contra la adicción al juego.

Canarias

Las Palmas:

Asociación Canaria de Jugadores de Azar en Rehabilitación (ACJAR): ofrece ayuda y apoyo a personas con problemas de juego y a sus familias. Teléfono: 928 38 54 60

Asociación de Alcohólicos Rehabilitados de Las Palmas (ARALP): ofrece grupos de autoayuda para personas con problemas de adicción al alcohol y a otras sustancias. Teléfono: 928 24 52 10

Asociación Tinerfeña de Alcohólicos Rehabilitados (ATAR): ofrece grupos de autoayuda para personas con problemas de adicción al alcohol y a otras sustancias. Teléfono: 922 27 50 33

Santa Cruz de Tenerife:

Asociación de Alcohólicos Rehabilitados de Tenerife (ARTE): ofrece grupos de autoayuda para personas con problemas de adicción al alcohol y a otras sustancias. Teléfono: 922 64 25 43

Asociación para la Rehabilitación y Reinserción de personas con trastornos adictivos (ARRATE): ofrece grupos de autoayuda para personas con problemas de adicción al alcohol, drogas y otras sustancias. Teléfono: 922 24 55 62

Asociación Canaria de Jugadores de Azar en Rehabilitación (ACJAR): ofrece ayuda y apoyo a personas con problemas de juego y a sus familias. Teléfono: 922 64 69 05

Cantabria

Asociación Cántabra para la Rehabilitación de Jugadores de Azar (ARJACAN): 942 33 10 50 / 678 53 24 13

Asociación de Familiares y Amigos de Personas con Ludopatía de Cantabria (AFALU): 942 72 23 88 / 686 58 69 12

Servicio de Atención a las Adicciones de Cantabria (SAAC): 942 31 81 83

Castilla-La Mancha

Asociación de Jugadores Rehabilitados de Albacete: 967 23 31 72 / 687 31 94 27

Asociación de Jugadores Rehabilitados de Ciudad Real: 926 23 29 58 / 619 34 00 36

Asociación de Jugadores Rehabilitados de Cuenca: 969 22 26 96

Asociación de Jugadores Rehabilitados de Guadalajara: 949 22 02 00 / 669 96 25 07

Asociación de Jugadores Rehabilitados de Toledo: 925 22 53 12 / 690 85 18 87

También existe un Servicio de Atención a las Adicciones en Castilla-La Mancha (SAAD) que ofrece información y recursos para el tratamiento de las adicciones, incluyendo la ludopatía. Su número de teléfono es el 900 22 00 29.

Castilla y León

Asociación Castellano Leonesa de Jugadores de Azar en Rehabilitación (ACLEJAR): ofrecen atención a personas afectadas por el juego patológico y a sus familiares. Tienen sedes en varias ciudades de Castilla y León, como León, Burgos y Valladolid.

Asociación de Ludópatas Rehabilitados de Salamanca (ALURES): brindan ayuda a personas con problemas de adicción al juego y a sus familias. Ofrecen terapia individual y grupal, así como talleres y actividades para fomentar el bienestar emocional.

Asociación de Jugadores de Azar en Rehabilitación de Ávila (AJARA): proporcionan información y apoyo a personas con problemas de ludopatía y a sus familiares. Ofrecen terapia individual y grupal, así como asesoramiento jurídico y atención psicológica.

Asociación de Jugadores de Azar Rehabilitados de Palencia (AJARPAL): brindan apoyo a personas afectadas por el juego patológico y a sus familiares. Ofrecen terapia individual y grupal, así como talleres y actividades para fomentar la autoestima y el bienestar emocional.

Asociación de Jugadores Rehabilitados de Segovia (AJUR): ofrecen ayuda a personas con problemas de adicción al juego y a sus familias. Proporcionan terapia individual y grupal, así como talleres y actividades para fomentar la resiliencia y la motivación para el cambio.

Asociación de Jugadores Rehabilitados de Soria (AJURES): brindan apoyo a personas con problemas de ludopatía y a sus familias. Ofrecen terapia individual y grupal, así como actividades de ocio y tiempo libre para fomentar la integración social.

Asociación de Jugadores Rehabilitados de Zamora (AJUREZA): ofrecen ayuda a personas con problemas de adicción al juego y a sus familiares. Proporcionan terapia individual y grupal, así como talleres y actividades para fomentar la autoestima y el bienestar emocional.

Cataluña

Barcelona es una ciudad que se encuentra en la comunidad autónoma de Cataluña, en España. A continuación, se presentan algunos recursos de autoayuda y grupos de apoyo en la provincia de Barcelona:

Adicciones no toxicas: Grupo de ayuda para personas con problemas de adicciones no toxicas como el juego, las compras compulsivas o la comida. Teléfono: 934 574 119.

Alcohólicos Anónimos (AA): Grupo de ayuda para personas con problemas de alcoholismo. Teléfono: 900 100 101.

Narcóticos Anónimos (NA): Grupo de ayuda para personas con problemas de adicción a las drogas. Teléfono: 900 100 999.

Fòrum Salut Mental Catalunya: Asociación que ofrece apoyo y ayuda a personas con problemas de salud mental ya sus familias. Teléfono: 933 043 133.

Asociación Catalana de Alcohólicos Rehabilitados (ACAR): Organización que ofrece ayuda y apoyo a personas con problemas de alcoholismo ya sus familias. Teléfono: 934 584 883.

Asociación Proyecto Hombre: Organización que ofrece apoyo y ayuda a personas con problemas de adicciones. Teléfono: 900 100 220.

Es importante destacar que estos recursos solo son algunos de los disponibles en la provincia de Barcelona, y que existen muchos otros grupos de autoayuda y apoyo disponibles para personas con diferentes tipos de problemas y necesidades.

Galicia

Instituto Gallego de Consumo: ofrece información y asesoramiento para la prevención y el tratamiento de adicciones, incluyendo la adicción al juego. Teléfono: 981 54 30 62.

Proyecto Home Galicia: centro de ayuda para personas con adicciones, incluyendo la adicción al juego. Teléfono: 900 400 600.

Asociación Gallega de Jugadores de Azar en Rehabilitación: ofrece apoyo y ayuda a personas con adicción al juego ya sus familiares. Teléfono: 981 57 18 00.

Adicciones Digitales Galicia: centro especializado en el tratamiento de adicciones a las nuevas tecnologías y al juego en línea. Teléfono: 604 01 18 06.

Asociación de Jugadores Rehabilitados de Galicia (AJUREGA): asociación sin ánimo de lucro que ofrece ayuda y asistencia a personas con problemas de adicción al juego. Teléfono: 646 20 18 33.

La Rioja

En La Rioja, algunas organizaciones y servicios que brindan apoyo y tratamiento para la adicción al juego son:

Asociación Riojana de Jugadores de Azar en Rehabilitación (ARJAR): ofrecemos ayuda a personas afectadas por la ludopatía y sus familias. Teléfono: 941 234 384.

Servicio de Psiquiatría del Hospital San Pedro: unidad especializada en el tratamiento de adicciones, incluyendo la adicción al juego. Teléfono: 941 298 800.

Asociación Española de Jugadores de Azar en Rehabilitación (Juego Patológico): cuentan con delegaciones en varias ciudades de España, incluida La Rioja.

Logroño:

Asociación Riojana de Jugadores de Azar en Rehabilitación (ARJAR): Teléfono: 941 250 641 / Correo electrónico: arjar@telefonica.net /

Madrid

En Madrid, existen varias opciones de ayuda y grupos de apoyo para personas que presentan problemas de adicción al juego. Algunos de ellos son:

Asociación Madrileña de Jugadores de Azar en Rehabilitación (AMJAR): esta asociación ofrece información, asesoramiento y tratamiento a personas con problemas de adicción al juego. Además, cuenta con un grupo de autoayuda para jugadores en proceso de rehabilitación. Puedes contactarles a través de su página web (www.amjar.org) o del teléfono 91 559 44 91.

Asociación Aprender a Vivir: esta asociación cuenta con un programa específico para el tratamiento de adicciones comportamentales, entre ellas la adicción al juego.

Murcia

Asociación Murciana de Jugadores de Azar en Rehabilitación (AMJAR): ofrece apoyo a personas con problemas de adicción al juego ya sus familiares. Teléfono: 968 22 03 28.

Servicio de Juego Responsable del Ayuntamiento de Murcia: ofrece información y asesoramiento para el juego responsable y la prevención del juego patológico. Teléfono: 968 35 86 00 (ext. 72018).

Servicio Murciano de Salud: ofrece programas de tratamiento para personas con problemas de adicción al juego. Puedes acudir a tu centro de salud para obtener más información.

Espero que esta información te sea de utilidad. Recuerda que es importante buscar ayuda profesional si sufres de adicción al juego o si conoces a alguien que lo sufra.

País vasco

En el País Vasco, existen diferentes recursos de ayuda y grupos de apoyo para personas con problemas de adicción al juego. Algunos de ellos son:

Asociación Vasca de Ludópatas Rehabilitados (AVELUR): es una asociación sin ánimo de lucro que ofrece ayuda y apoyo a las personas con problemas de adicción al juego. Cuentan con diferentes sedes en el País Vasco, como en Bilbao, Vitoria o San Sebastián, y ofrecen servicios de atención telefónica, atención presencial y terapia grupal. Puedes encontrar más información en su página web: https://www.avelur.org/

Fundación Gizakia Herritar: es una fundación que trabaja en diferentes ámbitos de la salud y el bienestar social, incluyendo el tratamiento y prevención de adicciones. Ofrecen servicios de atención psicológica y terapia grupal para personas con problemas de adicción al juego, entre otros.

37 cosas que deben de saber los padres

Aprender todo lo que puedas sobre el juego patológico para entender mejor la situación.

Buscar ayuda profesional lo antes posible.

Hablar con el joven sobre sus problemas con el juego en un ambiente de respeto y apoyo.

No juzgar o criticar al joven por sus problemas con el juego.

Ayudar al joven a identificar las situaciones de riesgo para el juego y evitarlas.

Establecer reglas claras y coherentes sobre el tiempo de juego y el acceso a los juegos.

Supervisar y monitorear el comportamiento del joven en relación al juego.

No permitir el acceso a tarjetas de crédito o dinero en efectivo al joven.

Ayudar al joven a encontrar actividades alternativas al juego que le gusten.

Fomentar la comunicación abierta y honesta entre todos los miembros de la familia.

Ayudar al joven a identificar sus fortalezas y habilidades para aumentar su autoestima.

Ayudar al joven a establecer metas realistas y alcanzables.

Ser paciente y comprensivo con el proceso de recuperación del joven.

No minimizar ni ignorar el problema del juego.

Ayudar al joven a reconocer el impacto negativo del juego en su vida y en la vida de las personas que lo rodean.

Buscar apoyo en grupos de autoayuda para padres de jóvenes con problemas de juego.

Mantener un diálogo constante con el profesional que esté tratando al joven.

Fomentar la participación en actividades sociales y comunitarias.

Buscar información sobre el juego responsable y compartirlo con el joven.

No culpar al joven por su problema con el juego.

Ser consistente con las reglas y límites establecidos.

Enfocarse en las soluciones en lugar de en los problemas.

Fomentar la creatividad y la innovación en la búsqueda de soluciones.

No permitir que el problema del juego afecte negativamente la relación entre los miembros de la familia.

Ayudar al joven a encontrar un propósito en la vida.

Enfocarse en las metas a largo plazo.

Celebrar los pequeños logros del proceso de recuperación.

Evitar la crítica y el castigo como método para corregir el comportamiento.

Aprender a manejar el estrés de manera saludable.

Aceptar que el proceso de recuperación puede ser largo y difícil.

Fomentar la participación en actividades físicas.

Enfocarse en el presente y no en el pasado o el futuro.

Mantener una actitud positiva y esperanzadora.

Ser un buen ejemplo para el joven en cuanto a la gestión de la vida cotidiana y las relaciones interpersonales.

Ayudar al joven a desarrollar habilidades para la toma de decisiones saludables.

Identificar y resolver cualquier problema subyacente que pueda estar contribuyendo al problema del juego.

Ayudar al joven a establecer una red de apoyo de amigos y familiares que lo apoyen en su proceso de recuperación.

Autor

La adicción al juego en la juventud es un problema que se presenta en muchos países del mundo. En algunos países, como Estados Unidos y Australia, se han realizado estudios que muestran que alrededor del 2-3% de los jóvenes tienen problemas con el juego.

En Asia, se ha informado de tasas de adicción al juego más altas, especialmente en China y Corea del Sur. En estos países, los juegos en línea y los juegos de azar son muy populares, y se han reportado casos de jóvenes que abandonan la escuela o incluso se suicidan como resultado de la adicción al juego.

En Europa, el problema de la adicción al juego en los jóvenes también ha sido reconocido y se han establecido programas de tratamiento y prevención en muchos países. En algunos países, como España, se han llevado a cabo campañas para concienciar a los jóvenes sobre los riesgos del juego y se han creado programas de ayuda y asesoramiento para los jóvenes que tienen problemas con el juego.

En general, la adicción al juego juvenil es un problema que afecta a los jóvenes de todo el mundo, y se necesita esfuerzos coordinados y continuos para abordar el problema y brindar apoyo a aquellos que luchan con la adicción al juego.